lekol - l'école                                                    2
vwayaz - le voyage                                                 5
transpor - le transport                                            8
lavil - la ville                                                  10
peizaz - le paysage                                               14
restoran - le restaurant                                          17
sipermarse - le supermarché                                       20
labwason - les boissons                                           22
manze - l'alimentation                                            23
laferm - la ferme                                                 27
lakaz - la maison                                                 31
salon - le salon                                                  33
lakwizinn - la cuisine                                            35
saldebin - la salle de bain                                       38
lasam zanfan - la chambre d'enfant                                42
linz - les vêtements                                              44
biro - le bureau                                                  49
lekonomi - l'économie                                             51
travay - les professions                                          53
zouti - les outils                                                56
instriman lamizik - les instruments de musique                    57
zoo - le zoo                                                       59
spor - les sports                                                 62
aktivite - les activités                                          63
fami - la famille                                                 67
lekor - le corps                                                  68
lopital - l'hôpital                                               72
irzans - l'urgence                                                76
later - la terre                                                  77
orloz - ...heure(s)                                               79
lasemenn - la semaine                                             80
lane - l'année                                                    81
form - les formes                                                 83
bann kouler - les couleurs                                        84
opozision - les oppositions                                       85
nimero - les nombres                                              88
bann langaz - les langues                                         90
kisana / kiete / kouma - qui / quoi / comment                     91
kotsa - où                                                        92

Impressum
Verlag: BABADADA GmbH, Nedderfeld 112 , 22529 Hamburg
Geschäftsführer / Verlagsleitung: Harald Hof
Druck: Books on Demand GmbH, In de Tarpen 42, 22848 Norderstedt

Imprint
Publisher: BABADADA GmbH, Nedderfeld 112 , 22529 Hamburg, Germany
Managing Director / Publishing direction: Harald Hof
Print: Books on Demand GmbH, In de Tarpen 42, 22848 Norderstedt

# lekol
# l'école

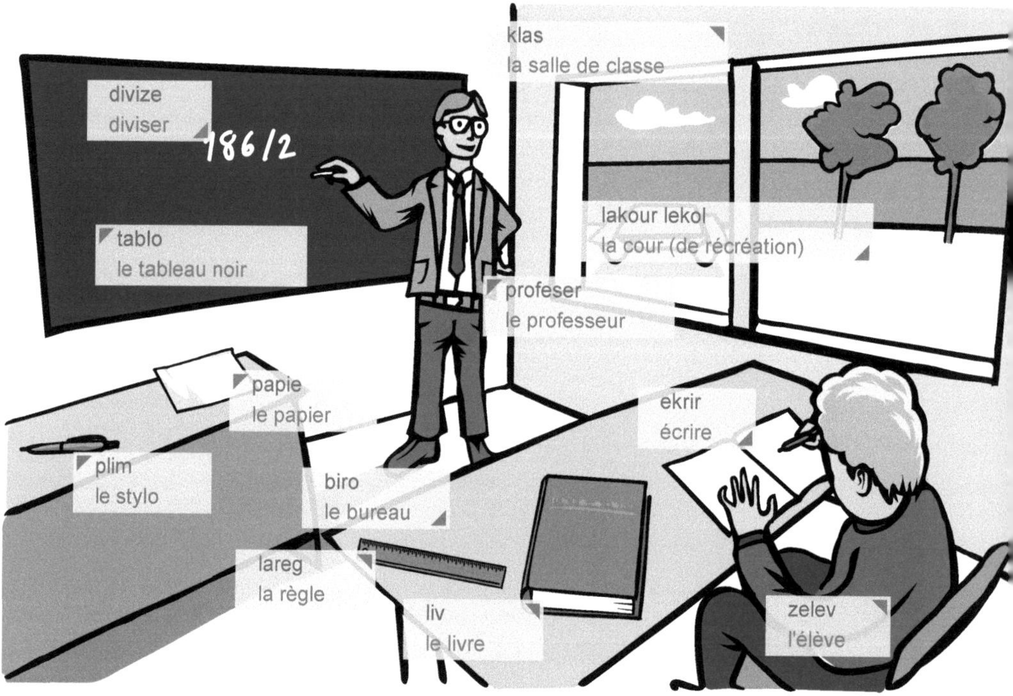
klas
la salle de classe
divize
diviser
186/2
tablo
le tableau noir
lakour lekol
la cour (de récréation)
profeser
le professeur
papie
le papier
ekrir
écrire
plim
le stylo
biro
le bureau
lareg
la règle
liv
le livre
zelev
l'élève

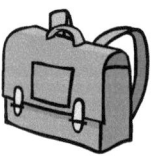

sak lekol

le cartable

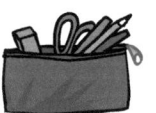

plimie

la trousse

kreyon

le crayon

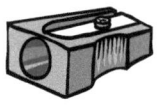

egizwar

le taille-crayon

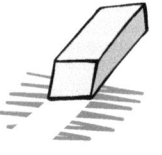

gom

la gomme

kaye desin

le carnet à dessin

desin
........
le dessin

pinso
........
le pinceau

bwat lapintir
........
la boîte de peinture

sizo
........
les ciseaux

lakol
........
la colle

kaye devwar
........
le cahier d'exercices

devwar
........
les devoirs

nimero
........
le chiffre

azoute
........
additionner

retire
........
soustraire

miltipliye
........
multiplier

kalkile
........
calculer

let
........
la lettre

alfabet
........
l'alphabet

mo
........
le mot

text
le texte

lir
lire

lakre
la craie

leson
la leçon

rezis
le livre de classe

lexame
l'examen

sertifika
le certificat

iniform lekol
l'uniforme scolaire

ledikasion
la formation

lansiklopedi
le lexique

liniversite
l'université

mikroskop
le microscope

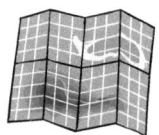

map
la carte

poubel
la corbeille à papier

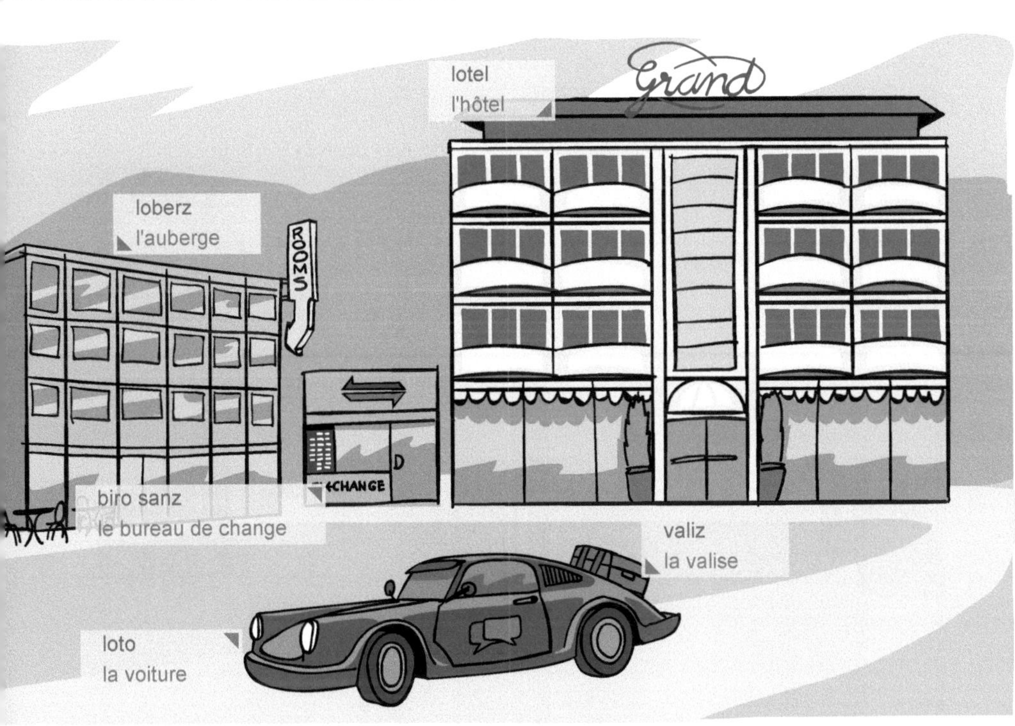

lotel
l'hôtel
Grand
loberz
l'auberge
ROOMS
CHANGE
biro sanz
le bureau de change
valiz
la valise
loto
la voiture

langaz

la langue

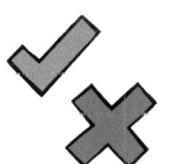

wi / non

oui / non

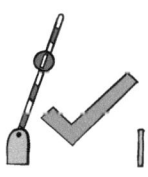

okay

d'accord

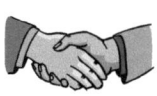

Alo

Salut

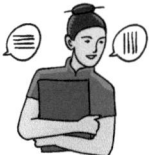

tradikter

l'interprète

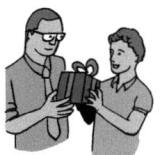

Mersi

merci

komie sa..?

Combien coûte...?

Mo pa pe konpran

Je ne comprends pas

problem

le problème

Bonswar!

Bonsoir !

Bonzour!

Bonjour !

Bonn nwi!

Bonne nuit !

o-revwar

Au revoir

direksion

la direction

bagaz

les bagages

sak

le sac

sak-a-do

le sac-à-dos

ot

l'hôte

pies

la pièce

sak kousaz

le sac de couchage

latant

la tente

lofis tourism

l'office de tourisme

laplaz

la plage

kart kredi

la carte de crédit

ti-dezene

le petit-déjeuner

dezene

le déjeuner

dine

le dîner

biye

le billet

lasanser

l'ascenseur

tem

le timbre

frontier

la frontière

ladwann

la douane

lanbasad

l'ambassade

viza

le visa

paspor

le passeport

# transpor
# le transport

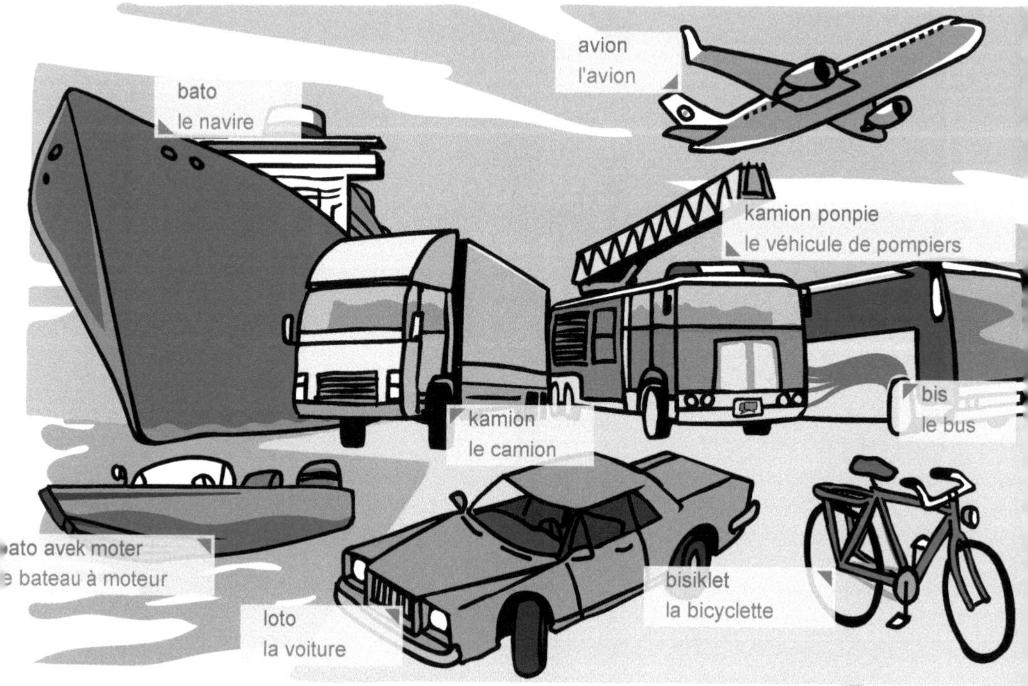
avion
l'avion
bato
le navire
kamion ponpie
le véhicule de pompiers
kamion
le camion
bis
le bus
ato avek moter
e bateau à moteur
bisiklet
la bicyclette
loto
la voiture

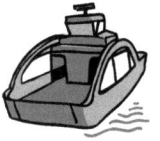

feri
.................
le ferry

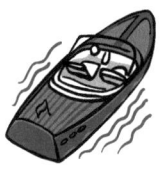

bato
.................
la barque

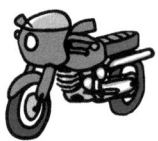

motosiklet
.................
la moto

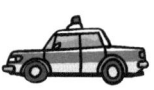

loto lapolis
.................
la voiture de police

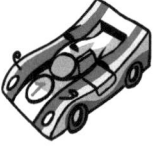

loto lekours
.................
la voiture de course

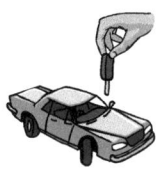

loto lokasion
.................
la voiture de location

ko-vwatiraz

l'auto-partage

kamion towing

la voiture de remorquage

kamion salte

la benne à ordures

moter

le moteur

lesans

l'essence

filing

la station d'essence

pano indikasion

le panneau indicateur

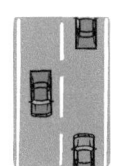

trafik

le trafic

anbouteyaz

l'embouteillage

parking

le parking

stasion trin

la gare

ray

les rails

trin

le train

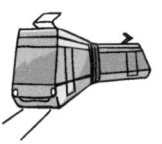

tram

le tramway

vagon

le wagon

elikopter

l'hélicoptère

aeropor

l'aéroport

towing

la tour

pasaze

le passager

kontener

le conteneur

karton

le carton

sario

le chariot

panie

la corbeille

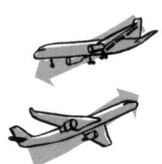

dekole / aterir

décoller / atterrir

## lavil

## la ville

vilaz

le village

sant-vil

le centre-ville

lakaz

la maison

sinema
le cinéma

pibliste
la publicité

lalamp sime
le réverbère

sime
la rue

taxi
le taxi

kiosk
le kiosque

pieton
le piéton

trotwar
le trottoir

pasaz pieton
le passage piéton

poubel
la poubelle

lakrwaze
le carrefour

robo
les feux de circulation

kabann

la cabane

flat

l'appartement

stasion trin

la gare

minisipalite

la mairie

mize

le musée

lekol

l'école

liniversite

l'université

labank

la banque

lopital

l'hôpital

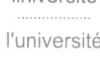

lotel

l'hôtel

farmasi

la pharmacie

biro

le bureau

libreri

la librairie

magazin

le magasin

fleris

le fleuriste

sipermarse

le supermarché

bazar

le marché

gran magazin

le grand magasin

pwasonnri

la poissonnerie

sant komersial

le centre commercial

lepor

le port

park
le parc

labank
la banque

pon
le pont

leskalie
les escaliers

metro
le métro

tinel
le tunnel

bistop
l'arrêt de bus

bar
le bar

restoran
le restaurant

bwat-a-let
la boîte à lettres

pano
le panneau indicateur

parkmet
le parcmètre

zoo
le zoo

pisinn
le réverbère

moske
la mosquée

laferm

la ferme

polision

la pollution

simitier

la cimetière

legliz

l'église

lespas pou zwe

l'aire de jeux

tanp

le temple

## peizaz

# le paysage

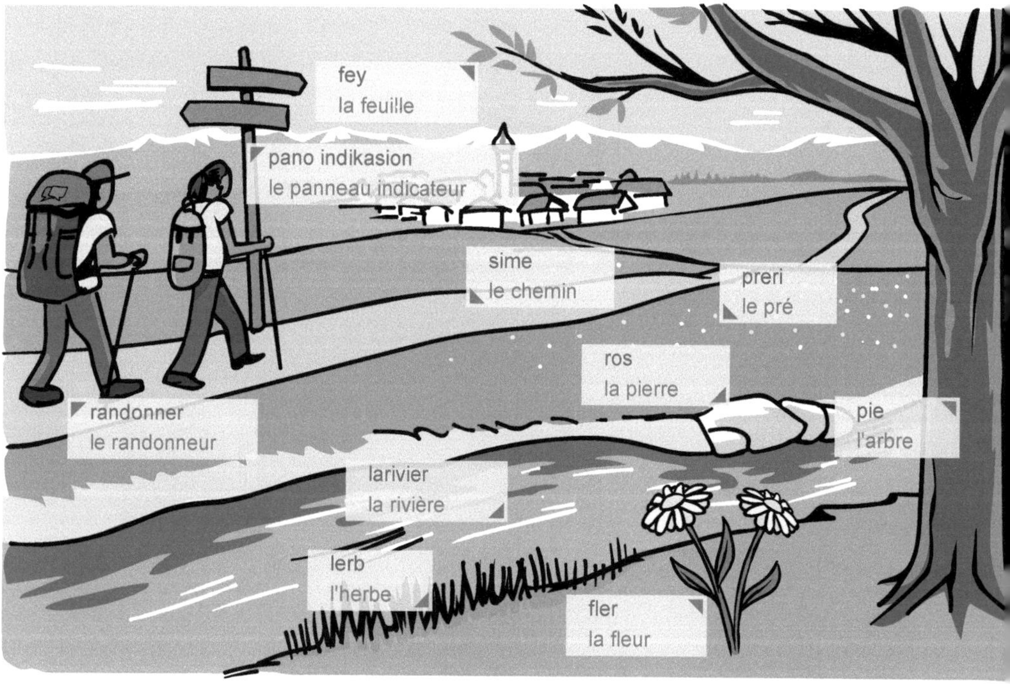

fey
la feuille

pano indikasion
le panneau indicateur

sime
le chemin

preri
le pré

ros
la pierre

randonner
le randonneur

pie
l'arbre

larivier
la rivière

lerb
l'herbe

fler
la fleur

lavale

la vallée

kolinn

la montagne

lak

le lac

bwa

la forêt

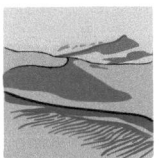

dezer

le désert

volkan

le volcan

sato

le château

larkansiel

l'arc-en-ciel

sanpinion

le champignon

palmie

le palmier

moutik

le moustique

mous

la mouche

fourmi

les fourmis

abey

l'abeille

zarenie

l'araignée

koksinel

le coléoptère

grenouy

la grenouille

ekirey

l'écureuil

erison

le hérisson

lapin

le lièvre

ibou

la chouette

zwazo

l'oiseau

sign

le cygne

sangliye

le sanglier

serf

le cerf

elan

l'élan

dam

le barrage

eolienn

l'éolienne

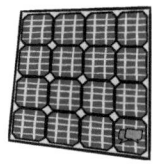

pano soler

le panneau solaire

klima

le climat

server
le serveur

meni
le menu

sez
la chaise

lasoup
la soupe

pizza
la pizza

nap
la nappe

kouver
les couverts

lantre
.............
les hors d'œuvre

pla prinsipal
.............
le plat principal

deser
.............
le dessert

labwason
.............
les boissons

manze
.............
l'alimentation

boutey
.............
la bouteille

fast food
le fast-food

take-away
les plats à emporter

teyer
la théière

po disik
le sucrier

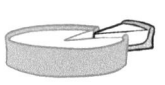

porsion
la portion

masinn expresso
la machine à expresso

sez-ot
la chaise haute

bill
la facture

plato
le plateau

kouto
le couteau

fourset
la fourchette

kwiyer
la cuillère

ti-kwiyer
la cuillère à thé

serviet
la serviette

ver
le verre

restoran - le restaurant

lasiet

l'assiette

lasiet

l'assiette à soupe

soukoup

la soucoupe

lasos

la sauce

po disel

la salière

moulin dipwav

le moulin à poivre

vineg

le vinaigre

delwil

l'huile

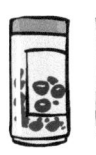

zepis

les épices

ketchup

le ketchup

lamoutard

la moutarde

mayonez

la mayonnaise

# sipermarse

# le supermarché

promosion
l'offre promotionnelle
klian
le client
prodwi a baz dile
les produits laitiers
trole
le chariot
frwi
les fruits
FOR

BUTCHERS

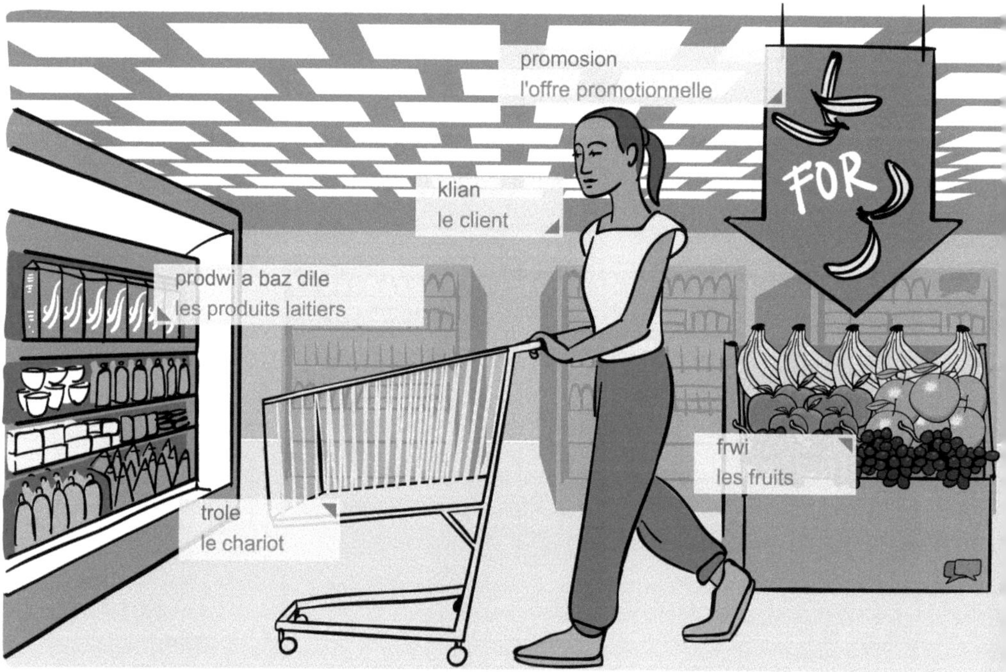

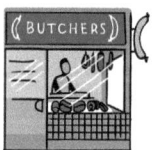

bousri

la boucherie

BAKERY

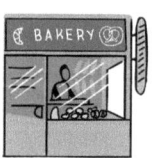

boulanzri

la boulangerie

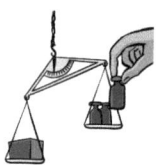

peze

peser

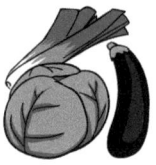

legim

les légumes

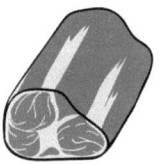

laviann

la viande

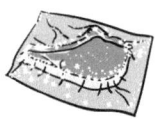

aliman konzele

les aliments surgelés

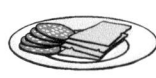

sarkitri

la charcuterie

bwat konserv

les conserves

lapoud masinn

la poudre à lessive

bonbon

les bonbons

komision

les articles ménagers

deterzan

les détergents

vandez

la vendeuse

lakes

la caisse

kesie

le caissier

lalis komision

la liste d'achats

ouvertir

les heures d'ouverture

portfey

le portefeuille

kart kredi

la carte de crédit

sak

le sac

sak plastik

le sac en plastique

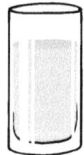

delo

l'eau

zi

le jus de fruit

dile

le lait

coca

le coca

divin

le vin

labier

la bière

lalkol

l'alcool

sokola so

le chocolat chaud

dite

le thé

kafe

le café

expresso

l'expresso

cappuccino

le cappuccino

## l'alimentation

banann
.............
la banane

pom
.............
la pomme

zoranz
.............
l'orange

melon
.............
le melon

sitron
.............
le citron.

karot
.............
la carotte

lay
.............
l'ail

banbou
.............
le bambou

zwayon
.............
l'oignon

sanpiyon
.............
le champignon

nwazet
.............
les noisettes

minn
.............
les pâtes

spageti

les spaghetti

diri

le riz

salad

la salade

chips

les pommes frites

pomdeter frir

les pommes de terre rôties

pizza

la pizza

burger

le hamburger

sandwich

le sandwich

eskalop

l'escalope

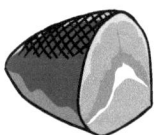

zanbon

le jambon

salami

le salami

sosis

la saucisse

poul

le poulet

roti

le rôti

pwason

le poisson

manze - l'alimentation

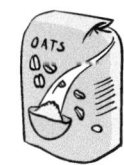

oatmeal
les flocons d'avoine

muesli
le muesli

kornbif
les cornflakes

lafarinn
la farine

krwasan
le croissant

ti-dipin
les petits-pains

dipin
le pain

dipin griye
le pain grillé

biskwi
les biscuits

diber
le beurre

fromaz blan
le fromage blanc

gato
le gâteau

dizef
l'œuf

dizef frir
l'œuf au plat

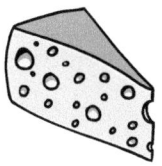

fromaz
le fromage

manze - l'alimentation

sorbe

la glace

disik

le sucre

dimiel

le miel

konfitir

la confiture

nouga

la crème nougat

kari

le curry

# laferm
# la ferme

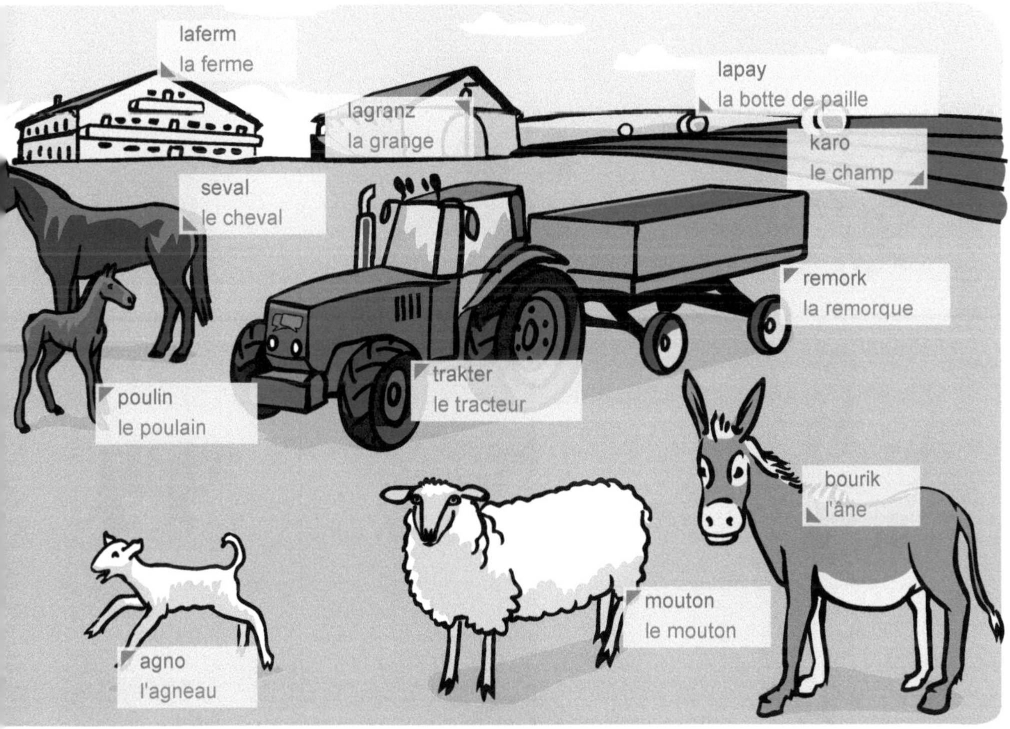
laferm
la ferme
lagranz
la grange
lapay
la botte de paille
karo
le champ
seval
le cheval
remork
la remorque
trakter
le tracteur
poulin
le poulain
bourik
l'âne
mouton
le mouton
agno
l'agneau

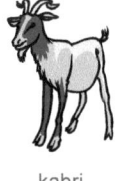

kabri

la chèvre

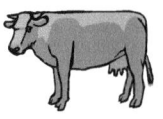

vas

la vache

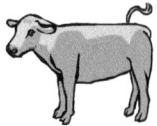

vo

le veau

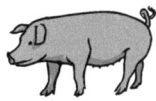

koson

le porc

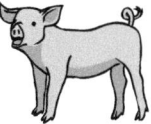

ti-koson

le porcelet

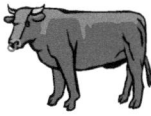

toro

le taureau

lezwa

l'oie

kanar

le canard

pousin

le poussin

poul

la poule

kok

le coq

lera

le rat

sat

le chat

souri

la souris

bef

le bœuf

lisien

le chien

lakaz lisien

le chenil

tiyo

le tuyau de jardin

arozwar

l'arrosoir

laserp

la faucheuse

saret

la charrue

fosi

la faucille

pios

la pioche

fours

la fourche

lars

la hache

bouret

la brouette

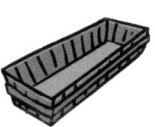

kiv

la cuve

bwat dile

le pot à lait

sak

le sac

fencing

la clôture

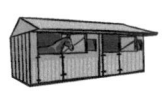

letab

l'étable

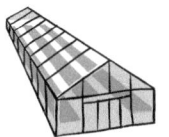

laser

le serre

later

le sol

lagrin

les semences

langre

l'engrais

masinn pou fer rekolt

la moissonneuse-batteuse

rekolte

récolter

rekolt

la récolte

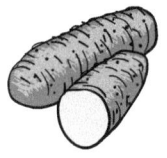

ignam

l'igname

dible

le blé

soya

le soja

pomdeter

la pomme de terre

may

le maïs

colza

le colza

zarb frwitie

l'arbre fruitier

maniok

le manioc

sereal

les céréales

# lakaz
# la maison

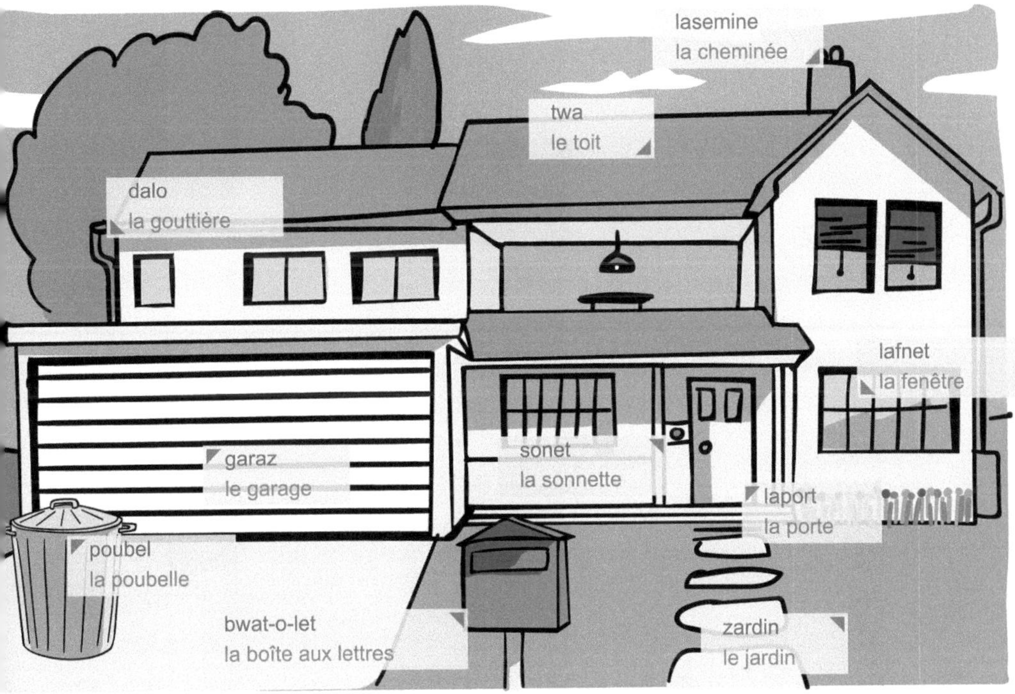

lasemine
la cheminée
twa
le toit
dalo
la gouttière
lafnet
la fenêtre
garaz
le garage
sonet
la sonnette
laport
la porte
poubel
la poubelle
bwat-o-let
la boîte aux lettres
zardin
le jardin


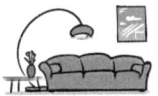

salon

le salon

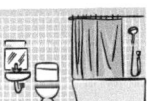

saldebin

la salle de bain

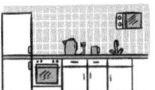

lakwizinn

la cuisine

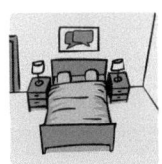

lasam

la chambre à coucher

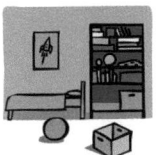

lasam zanfan

la chambre d'enfant

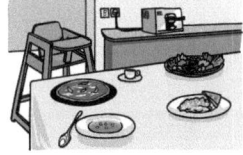

salamanze

la salle à manger

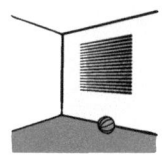

sali
le sol

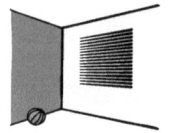

miray
le mur

plafon
le plafond

lakav
la cave

sona
le sauna

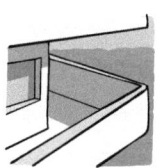

balkon
le balcon

teras
la terrasse

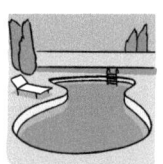

pisinn
la piscine

masinn koup gazon
la tondeuse à gazon

dra
la housse

kwet
la couette

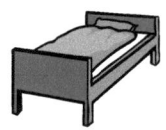

lili
le lit

balie
le balai

seo
le sceau

take lalimier
l'interrupteur

# salon

## le salon

papie-pin
le papier peint
foto
l'image
lalamp
la lampe
letazer
l'étagère
larmwar
l'armoire
televizion
la télé
lasemine
la cheminée
fler
la fleur
kousin
le coussin
sofa
le sofa
vaz
le vase
rimot-kontrol
la télécommande

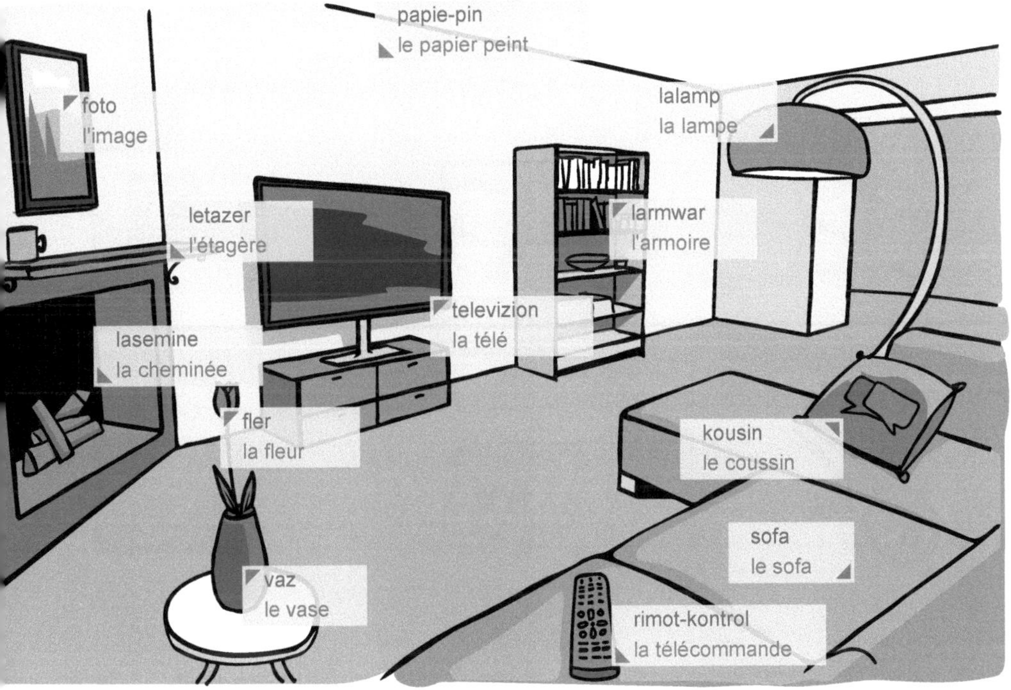

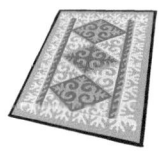

tapi

le tapis

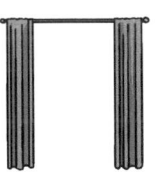

rido

le rideau

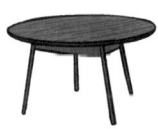

latab

la table

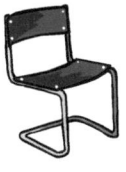

sez

la chaise

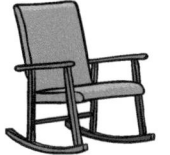

rocking chair

la chaise à bascule

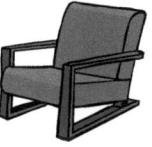

fotey

le fauteuil

liv

le livre

kouvertir

la couverture

dekorasion

la décoration

dibwa foye

le bois de chauffage

fim

le film

hi-fi

la chaîne hi-fi

lakle

la clé

zournal

le journal

lapintir

la peinture

poster

le poster

radio

la radio

bloknot

le bloc-notes

laspirater

l'aspirateur

kaktis

le cactus

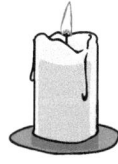

labouzi

la bougie

# lakwizinn

# la cuisine

frizider
le réfrigérateur
mikro-ond
le four à micro-ondes
balans
la balance de cuisine
toaster
le grille-pain
deterzan
le détergent
four
le four
frizer
le compartiment congélateur
poubel
la poubelle
lav-vesel
le lave-vaisselle

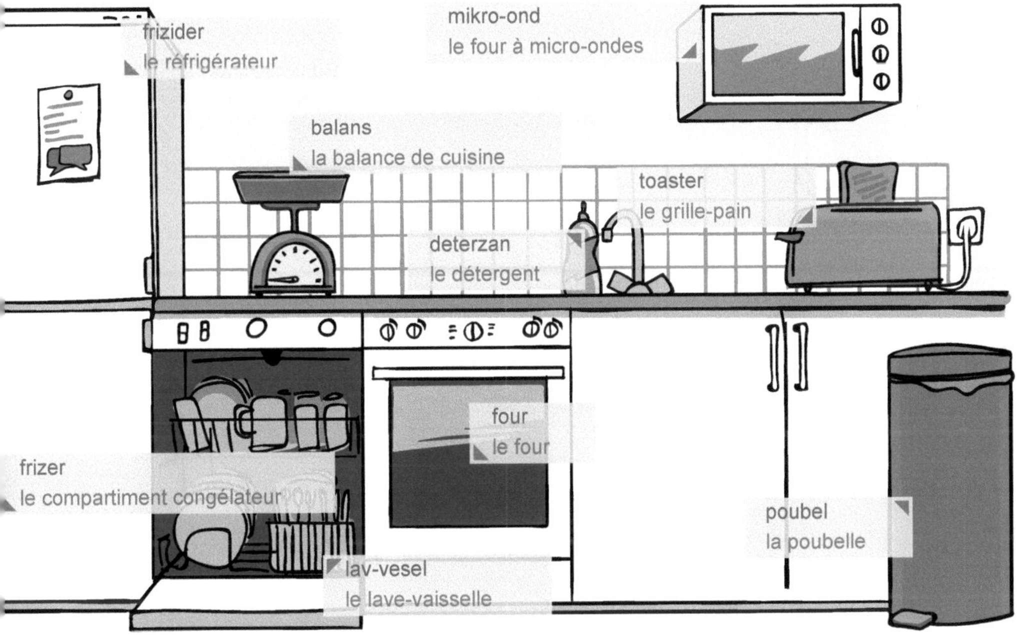

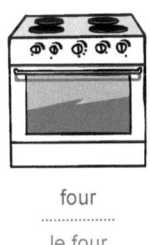

four

le four

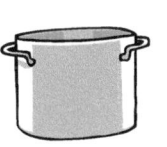

kasrol

la casserole

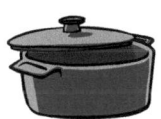

marmit

la marmite

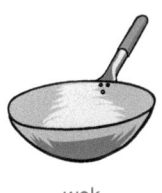

wok

le wok / kadai

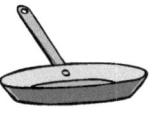

pwal

la poêle

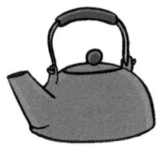

boulwar

la bouilloire electrique

steamer

le cuiseur vapeur

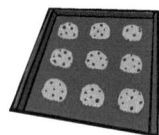

plak kwison

la plaque de cuisson

vesel

la vaisselle

goble

le gobelet

bol

la coupe

baget sinwa

les baguettes

lous

la louche

spatil

la spatule

fwet

le fouet

paswar

la passoire

tami

le tamis

larap

la râpe

mortie

le mortier

griyad

le barbecue

lasemine

la cheminée

biyo
la planche à découper

roulo
le rouleau à pâtisserie

tirbouson
le tire-bouchon

bwat konserv
la boîte

ouvbwat
l'ouvre-boîte

legan proteksion
les maniques

lavabo
le lavabo

bros
la brosse

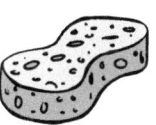

leponz
l'éponge

blender
le mixeur

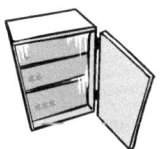

konzelater
le congélateur

bibron
le biberon

robine
le robinet

# saldebin

# la salle de bain

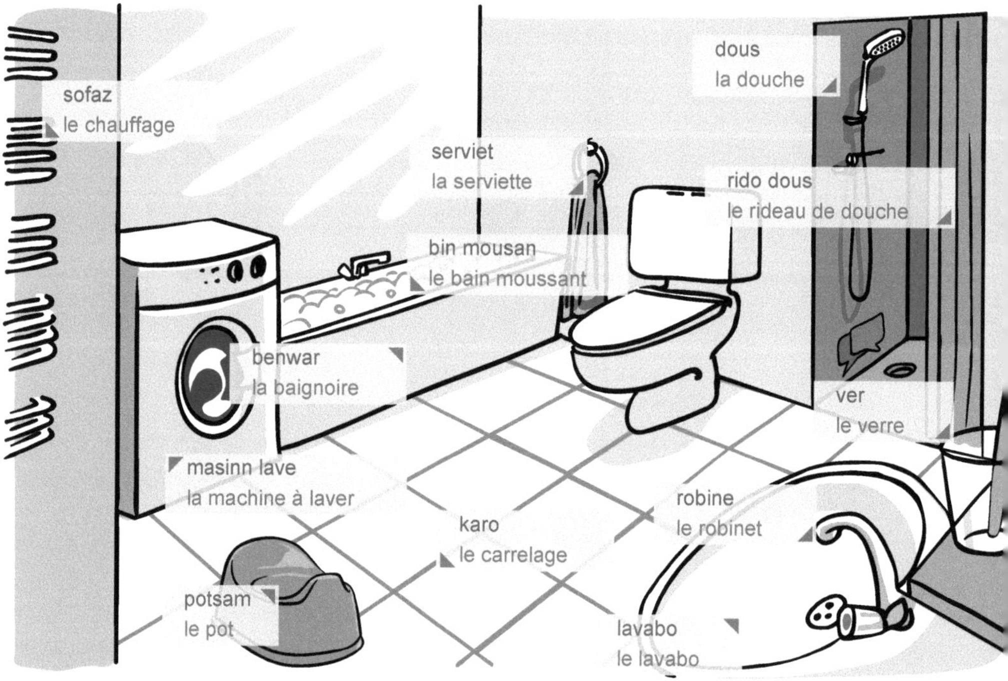
sofaz
le chauffage
dous
la douche
serviet
la serviette
rido dous
le rideau de douche
bin mousan
le bain moussant
benwar
la baignoire
ver
le verre
masinn lave
la machine à laver
robine
le robinet
karo
le carrelage
potsam
le pot
lavabo
le lavabo

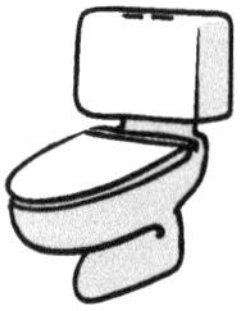

twalet

les toilettes

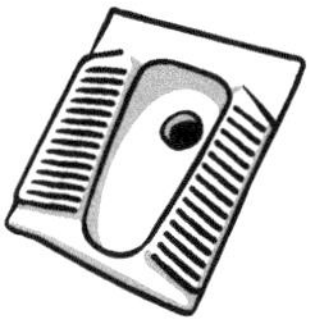

twalet

la toilette à la turque

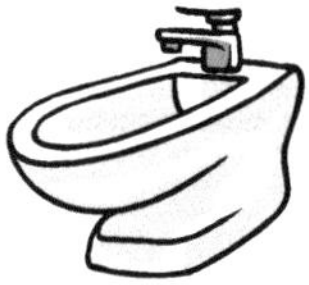

bide

le bidet

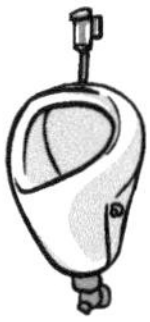

piswar

l'urinoir

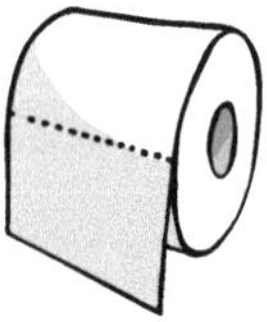

papie twalet

le papier toilette

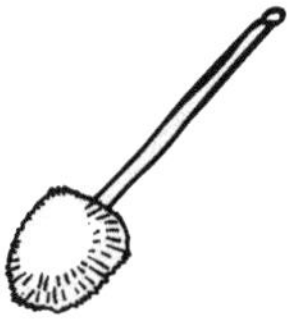

bros twalet

la brosse à toilette

bros ledan

la brosse à dents

dantifris

le dentifrice

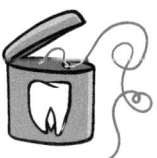

fil danter

le fil dentaire

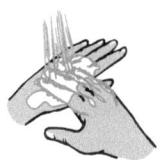

lave

laver

ti-bin

la douche manuelle

dous

la douche intime

basin

la vasque

bros ledo

la brosse dorsale

savon

le savon

zel dous

le gel douche

sanpwin

le shampooing

gandebin

le gant de toilette

drin

l'écoulement

lakrem

la crème

deodoran

le déodorant

mirwar

le miroir

mirwar

le miroir cosmétique

razwar

le rasoir

lamous pou raze

la mousse à raser

apre-razaz

l'après-rasage

pengn

la peigne

bros

la brosse

seswar

le sèche-cheveux

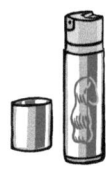

lak

la laque pour cheveux

makiyaz

le fond de teint

dirouz

le rouge à lèvres

verni

le vernis à ongles

cotton wool

l'ouate

tay-zong

le coupe-ongles

parfin

le parfum

trous twalet
la trousse de toilette

stoul
le tabouret

balans
le pèse-personne

penwar
le peignoir

legan netwayaz
les gants de nettoyage

tanpon
le tampon

serviet izienik
les serviettes hygiéniques

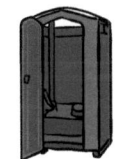

twalet simik
la toilette chimique

# lasam zanfan
# la chambre d'enfant

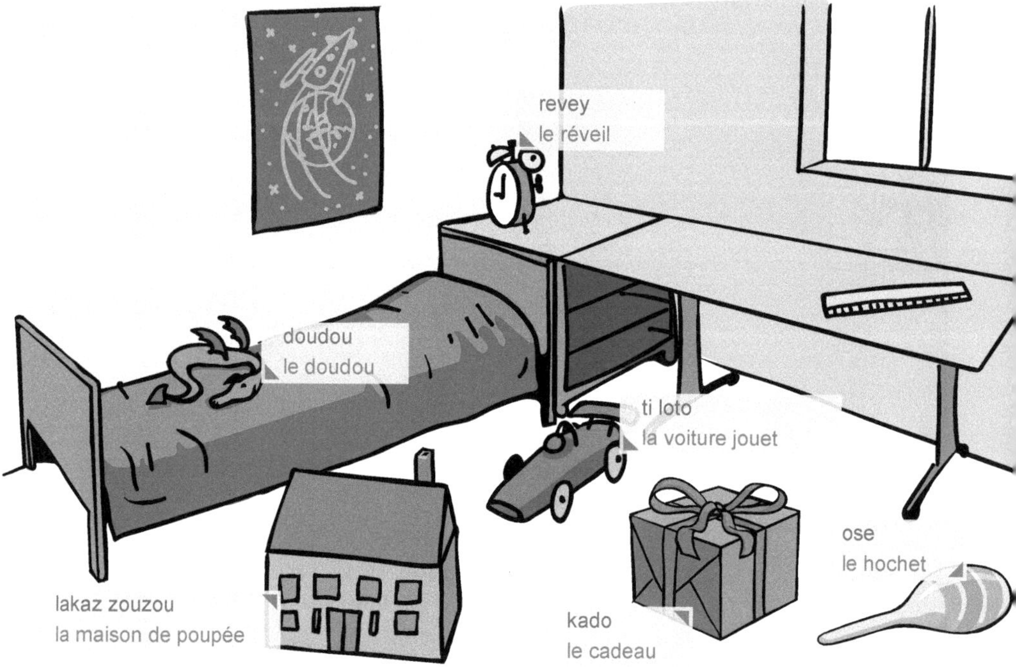
revey
le réveil
doudou
le doudou
ti loto
la voiture jouet
ose
le hochet
lakaz zouzou
la maison de poupée
kado
le cadeau

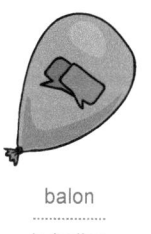

balon

le ballon

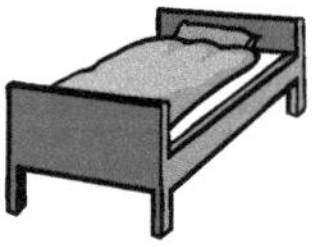

lili

le lit

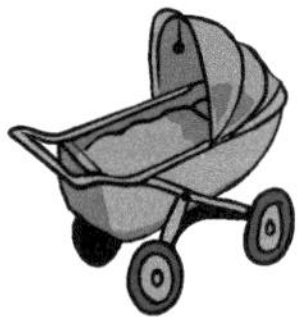

pouset

la poussette

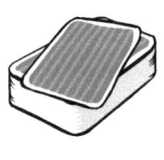

kart

le jeu de cartes

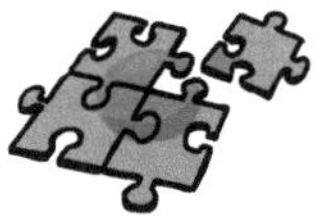

puzzle

le puzzle

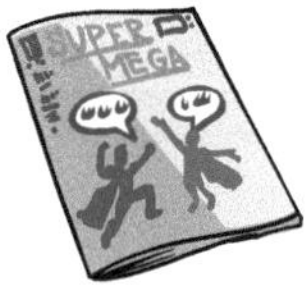
SUPER MEGA

tikomik

la bande dessinée

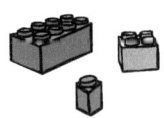

lego
les pièces lego

lego
les blocs de construction

figirinn
la figurine

grenouyer
la grenouillère

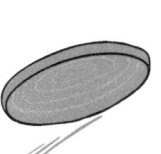

frisbee
le frisbee

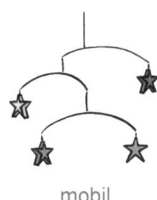

mobil
le mobile

zwe
le jeu de société

lede
le dé

trin zouzou
le train miniature

siset
la sucette

fet
la fête

liv ek zimaz
le livre d'images

boul
la balle

poupet
la poupée

zwe
jouer

bak-a-sab

le bac à sable

balanswar

la balançoire

zouzou

les jouets

game

la console de jeu

trisik

le tricycle

nounours

l'ours en peluche

larmwar

l'armoire

## linz

## les vêtements

soset

les chaussettes

leba

les bas

kolan

le collant

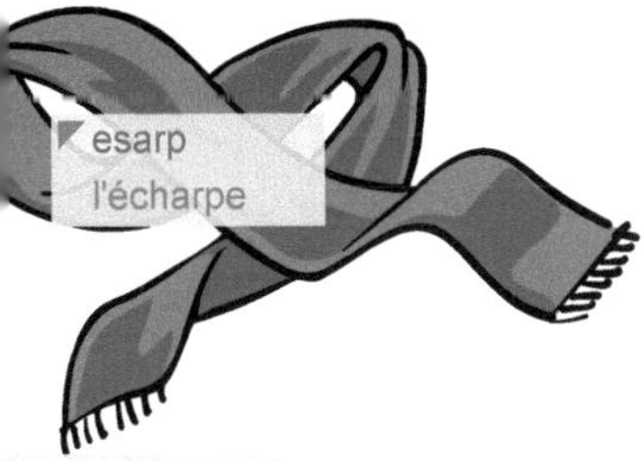

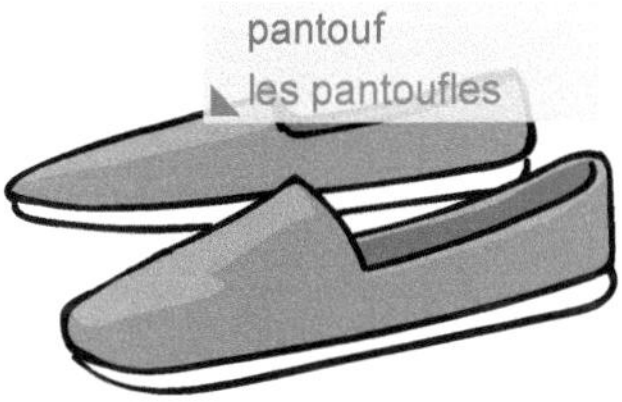

esarp
l'écharpe

parapli
le parapluie

t-shirt
le t-shirt

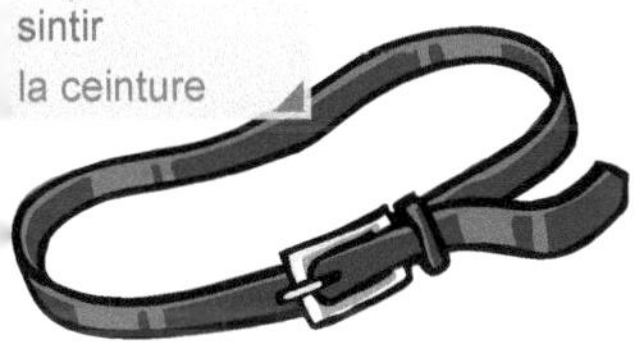

sintir
la ceinture

bot
les bottes

pantouf
les pantoufles

tenis
les baskets

sandalet
les sandales

soulie
les chaussures

bot an karotsou
les bottes de caoutchouc

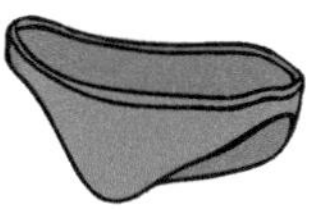

souvetman
les sous-vêtements

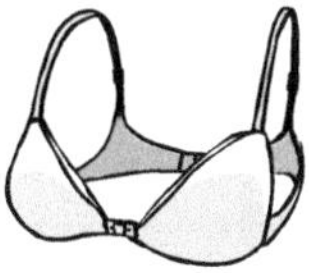

soutiengorz
le soutien-gorge

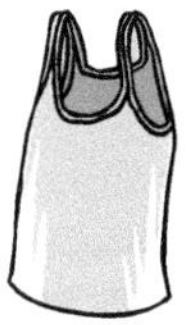

vest
le maillot de corps

body
le body

pantalon
le pantalon

jeans
le jean

zip
la jupe

blouz
le chemisier

simiz
la chemise

pull-over
le pull

blouzon ek kapison
le sweat à capuche

vest
la veste

jaket
la veste

manto
le manteau

pardesi
l'imperméable

kostim
le costume

rob
la robe

rob lamarye
la robe de mariée

kostim

le costume

robdesam

la chemise de nuit

pizama

le pyjama

sari

le sari

foular

le foulard

tirban

le turban

bourka

la burqa

kaftan

le caftan

abaya

l'abaya

mayo de bin

le maillot de bain

mayo de bin

le maillot de bain

sorti de sekour

le short

linz spor

la tenue d'entraînement

tabliye

le tablier

legan

les gants

bouton

le bouton

linet

les lunettes

brasle

le bracelet

kolie

le collier

bag

la bague

zanon

la boucle d'oreille

bone

le bonnet

sint

le cintre

sapo

le chapeau

kravat

la cravate

fermetirekler

la fermeture éclair

elmet

le casque

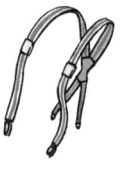

bretel

les bretelles

iniform lekol

l'uniforme scolaire

iniform

l'uniforme

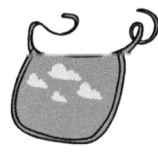

bavwar

le bavoir

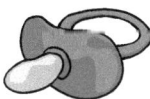

siset

la sucette

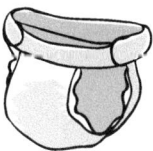

lanz

la lange

# biro

# le bureau

server
le serveur
larmwar arsiv
l'armoire d'archivage
printer
l'imprimante
papie
le papier
lekran
l'écran
biro
le bureau
mouse
la souris
klaser
le classeur
klavie
le clavier
poubel
la corbeille à papier
ordinater
l'ordinateur
sez
la chaise


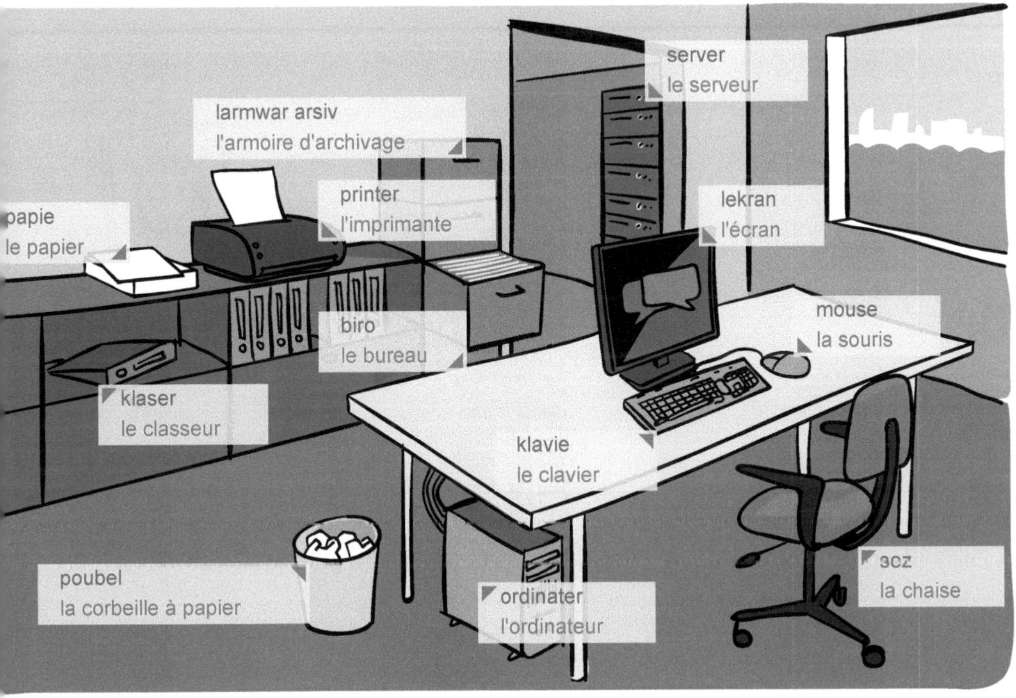

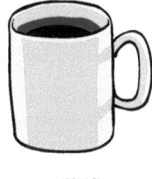

mug

la tasse de café

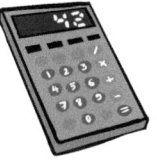

kalkilatris

la calculatrice

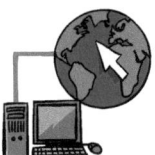

internet

l'internet

laptop

l'ordinateur portable

let

la lettre

mesaz

le message

portab

le portable

rezo

le réseau

fotokopi

la photocopieuse

lozisiel

le logiciel

telefonn

le téléphone

priz

la prise

fax

le fax

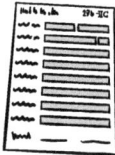

form

le formulaire

dokiman

le document

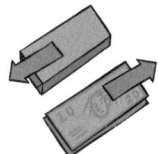

aste
................
acheter

peye
................
payer

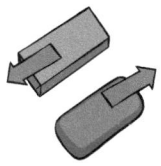

fer biznes
................
faire du commerce

larzan
................
la monnaie

dolar
................
le dollar

euro
................
l'euro

yen
................
le yen

rouble
................
le rouble

fran swis
................
le franc suisse

renminbi yuan
................
le renminbi yuan

roupi
................
la roupie

distribiter biye
................
le distributeur automatique

biro sanz

le bureau de change

lor

l'or

larzan

l'argent

petrol

le pétrole

lenerzi

l'énergie

pri

le prix

kontra

le contrat

tax

la taxe

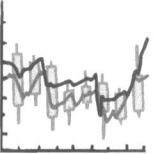

aksion

l'action

travay

travailler

anplwaye

l'employé

anplwayer

l'employeur

lizinn

l'usine

magazin

le magasin

# travay

## les professions

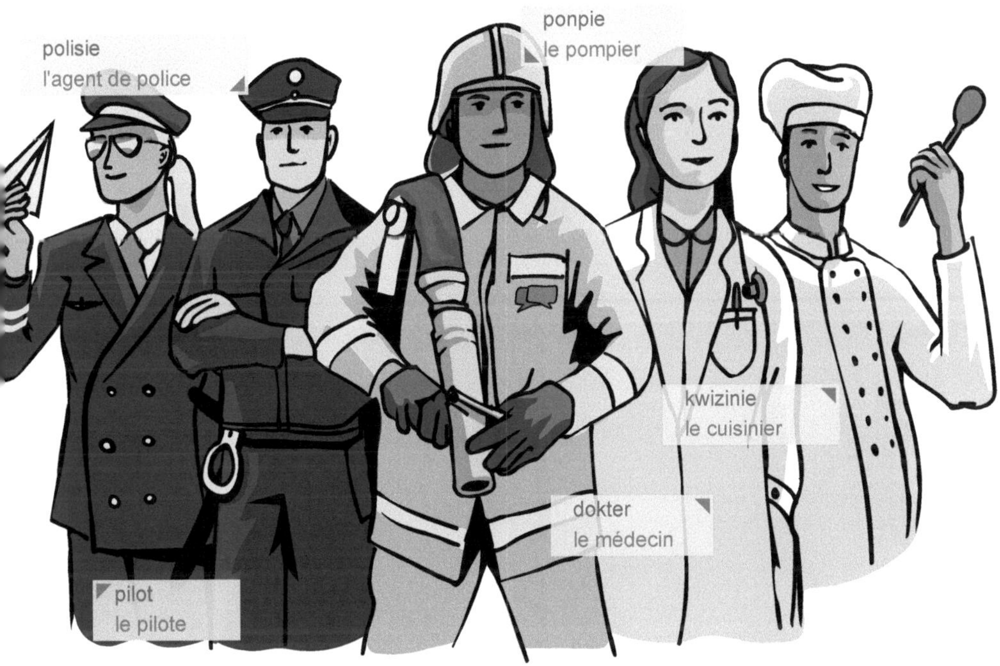
polisie
l'agent de police
ponpie
le pompier
kwizinie
le cuisinier
dokter
le médecin
pilot
le pilote

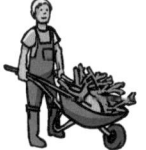

zardinie

le jardinier

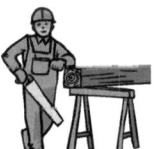

sarpantie

le menuisier

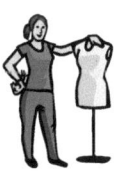

koutirier

la couturière

ziz

le juge

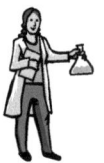

simis

le chimiste

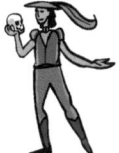

akter

l'acteur

sofer bis

le conducteur de bus

sofer taxi

le chauffeur de taxi

peser

le pêcheur

bonn

la femme de ménage

zouvriye twa lakaz

le couvreur

server

le serveur

saser

le chasseur

pint

le peintre

boulanze

le boulanger

elektrisien

l'électricien

zouvriye

l'ouvrier

inzenier

l'ingénieur

bouse

le boucher

plonbie

le plombier

fakter

le facteur

solda

le soldat

arsitek

l'architecte

kesie

le caissier

fleris

le fleuriste

kwafez

le coiffeur

chek

le contrôleur

mekanisien

le mécanicien

kapitenn

le capitaine

dantis

le dentiste

siantis

le scientifique

rabi

le rabbin

imam

l'imam

mwann

le moine

pret

le prêtre

# zouti

# les outils

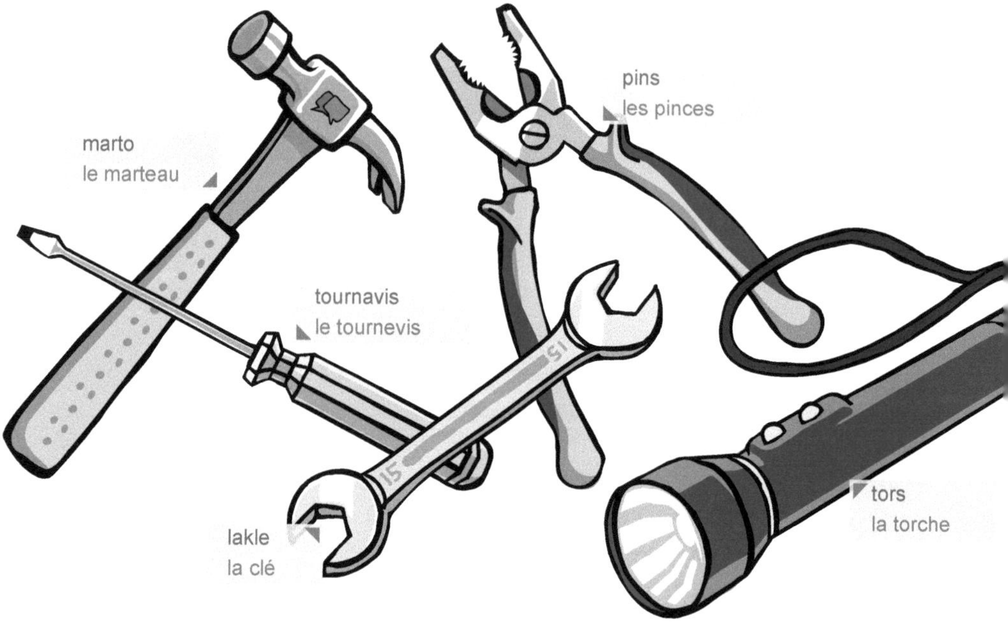
marto
le marteau
pins
les pinces
tournavis
le tournevis
lakle
la clé
tors
la torche

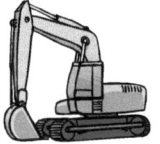

peltez

la pelleteuse

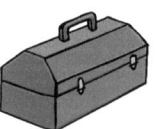

bwat zouti

la boîte à outils

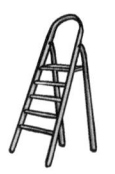

lesel

l'échelle

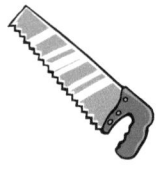

lasi

la scie

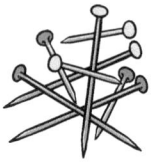

koulou

les clous

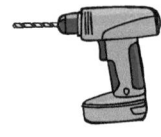

persez

la perceuse

aranze
reparer

lapel
la pelle

Ayo!
Mince !

lapel
la pelle

po lapintir
le pot de peinture

vis
les vis

## instriman lamizik

## les instruments de musique

batri
la batterie

o-parler
le haut-parleurs

lagitar
la guitare

kontrebas
la contrebasse

tronpet
la trompette

piano

le piano

violon

le violon

bas

la basse

tinbal

les timbales

tanbour

le tambour

klavie

le piano électrique

saxofonn

le saxophone

laflit

la flûte

mikro

le microphone

# zoo

# le zoo

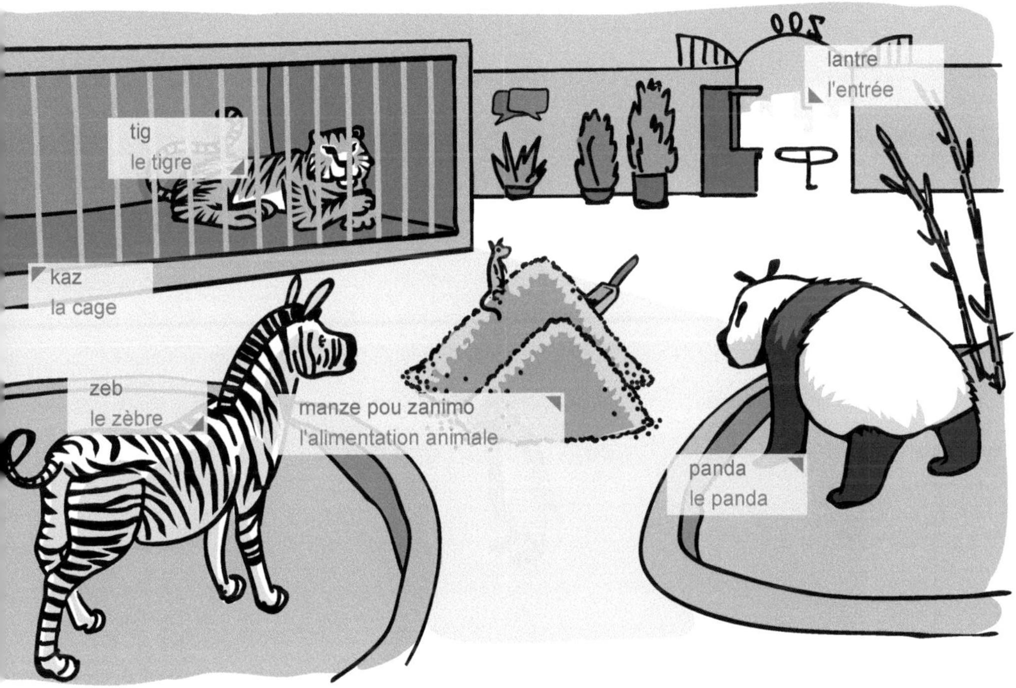
lantre
l'entrée
tig
le tigre
kaz
la cage
zeb
le zèbre
manze pou zanimo
l'alimentation animale
panda
le panda

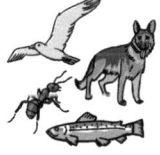

zanimo

les animaux

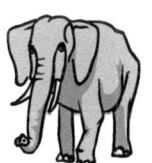

lelefan

l'éléphant

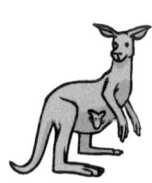

kangourou

le kangourou

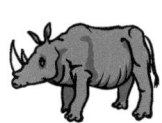

rinoceros

le rhinocéros

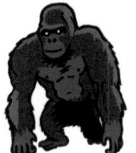

gori

le gorille

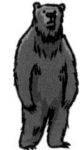

lours

l'ours

samo

le chameau

lotris

l'autruche

lion

le lion

zako

le singe

flaman roz

le flamand rose

peroke

le perroquet

lours poler

l'ours polaire

pingwi

le pingouin

rekin

le requin

pan

le paon

serpan

le serpent

krokodil

le crocodile

gardien zoo

le gardien de zoo

fok

le phoque

zagwar

le jaguar

zoo - le zoo

poney

le poney

leopar

le léopard

ipopotam

l'hippopotame

ziraf

la girafe

leg

l'aigle

sangliye

le sanglier

pwason

le poisson

torti

la tortue

mors

le morse

renar

le renard

gazel

la gazelle

foutborl ameriken
l'american Football

siklism
le cyclisme

tenis
le tennis

basketball
le basket-ball

natasion
la natation

labox
la boxe

oke lor gazon
le hockey sur glace

foutborl
le football

badminton
le badminton

atletism
l'athlétisme

handball
le handball

ski
le ski

polo
le polo

sote
sauter

maye
embrasser

riye
rire

marse
marcher

sante
chanter

reve
rêver

priye
prier

anbrase
faire la bise

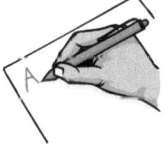

ekrir

écrire

desine

dessiner

montre

montrer

pouse

pousser

done

donner

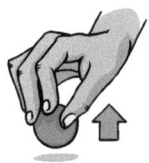

pran

prendre

ena
................
avoir

fer
................
faire

ete
................
être

diboute
................
être debout

galoupe
................
courir

rise
................
trier

zete
................
jeter

tonbe
................
tomber

alonze
................
être couché

atann
................
attendre

amene
................
porter

asize
................
être assis

abiye
................
s'habiller

dormi
................
dormir

leve
................
se réveiller

aktivite - les activités

gete
regarder

plore
pleurer

karese
caresser

pengne
peigner

koze
parler

konpran
comprendre

dimande
demander

ekoute
écouter

bwar
boire

manze
manger

netwaye
ranger

kontan
aimer

kwi
cuire

kondir
conduire

anvole
voler

fer lavwal

faire de la voile

kalkile

calculer

lir

lire

aprann

apprendre

travay

travailler

marye

se marier

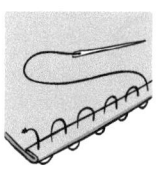

koud

coudre

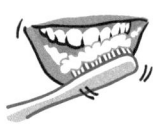

bros ledan

brosser les dents

touye

tuer

fime

fumer

avoye

envoyer

nmer
grand-mère

granper
le grand-père

papa
le père

mama
la mère

ti-baba
le bébé

tifi
la fille

garson
le fils

ot
l'hôte

matant
la tante

tonton
l'oncle

frer
le frère

ser
la sœur

# lekor
## le corps

fron
le front
lizie
l'œil
zepol
l'épaule
ledwa
le doigt
figir
le visage
manton
le menton
lame
la main
tete
la poitrine
lazam
la jambe
lebra
le bras

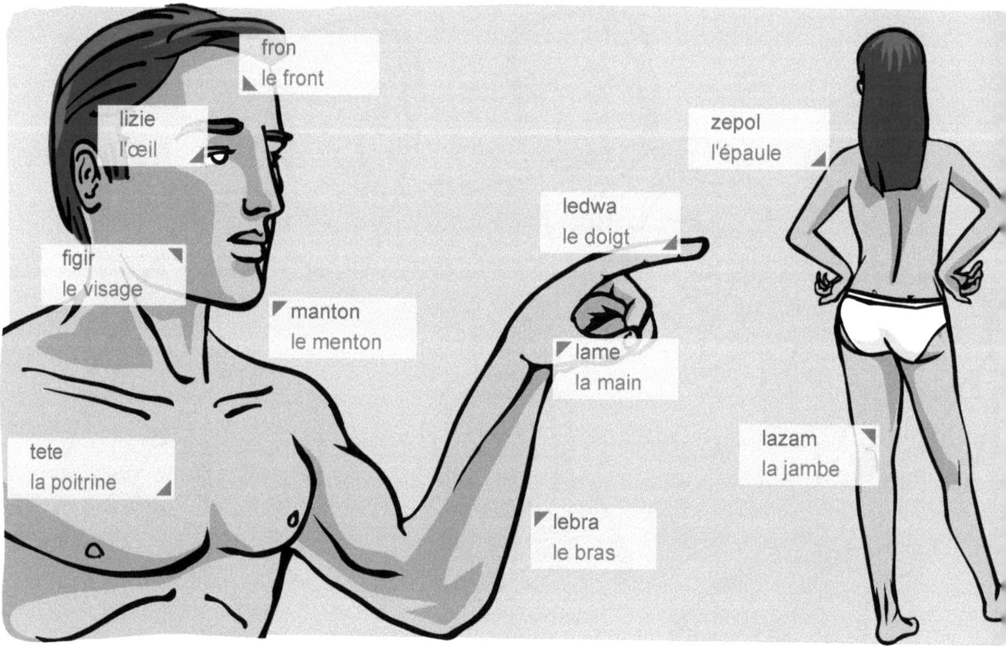

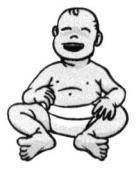

ti-baba
le bébé

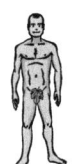

zom
l'homme

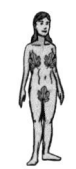

fam
la femme

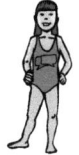

tifi
la fille

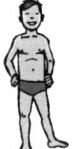

ti-garson
le garçon

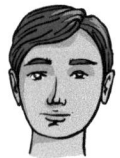

latet
la tête

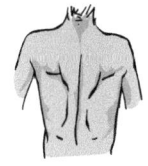

ledo

le dos

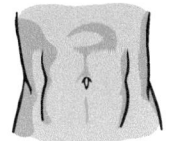

vant

le ventre

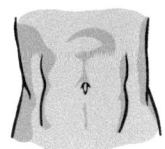

lonbri

le nombril

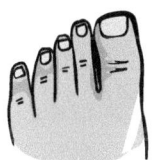

zortey

l'orteil

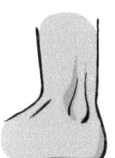

talon

le talon

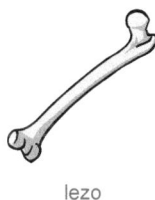

lezo

l'os

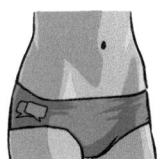

laans

la hanche

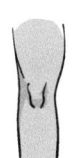

zenou

le genou

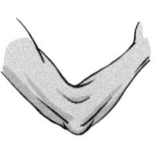

koud

le coude

nene

le nez

fes

les fesses

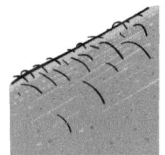

lapo

la peau

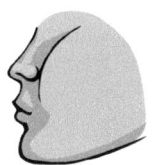

lazou

la joue

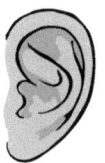

zorey

l'oreille

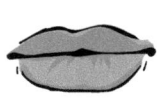

lalev

la lèvre

labous
...............
la bouche

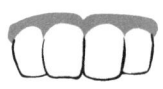

ledan
...............
la dent

lalang
...............
la langue

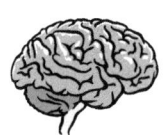

servo
...............
le cerveau

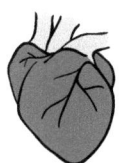

leker
...............
le cœur

mix
...............
le muscle

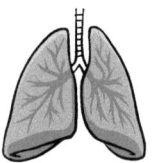

poumon
...............
les poumons

lefwa
...............
le foie

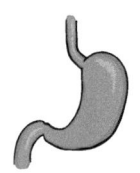

lestoma
...............
l'estomac

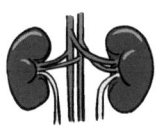

lerin
...............
les reins

sex
...............
le rapport sexuel

kapot
...............
le préservatif

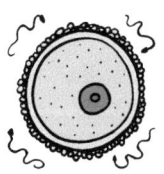

ovil
...............
l'ovule

sperm
...............
le sperme

groses
...............
la grossesse

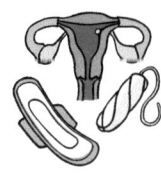

period
la menstruation

vazin
le vagin

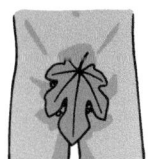

penis
le pénis

soursi
le sourcil

seve
les cheveux

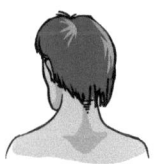

likou
le cou

# lopital
# l'hôpital

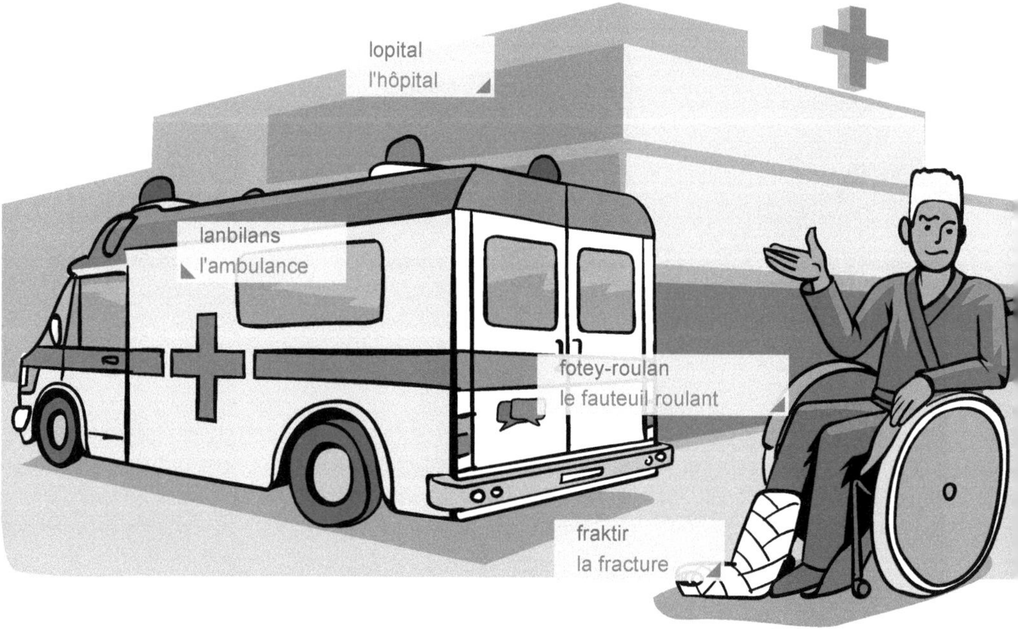

lopital
l'hôpital
lanbilans
l'ambulance
fotey-roulan
le fauteuil roulant
fraktir
la fracture

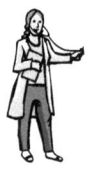

dokter

le médecin

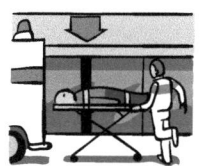

servis irzans

le service des urgences

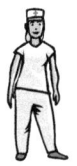

ners

l'infirmière

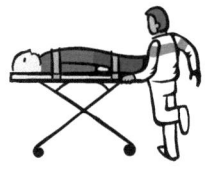

irzans

l'urgence

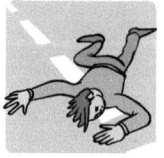

inkonsian

inconscient

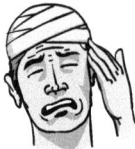

douler

la douleur

blesir

la blessure

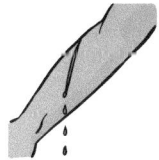

emorazi

l'hémorragie

kriz kardiak

la crise cardiaque

atak serebral

l'attaque cérébrale

alerzik

l'allergie

touse

la toux

lafiev

la fièvre

lagrip

la grippe

diare

la diarrhée

malad latet

le mal de tête

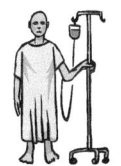

kanser

le cancer

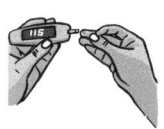

diabet

le diabète

sirirzien

le chirurgien

skalpel

le scalpel

operasion

l'opération

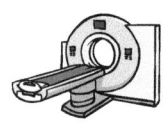

CT
le CT

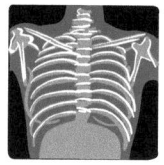

x-ray
la radiographie

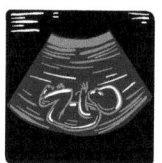

iltrason
l'échographie

mask
le masque

maladi
la maladie

sal-datant
la salle d'attente

beki
la béquille

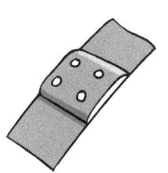

pansman
le pansement

bandaz
le pansement

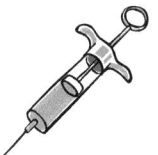

inzeksion
l'injection

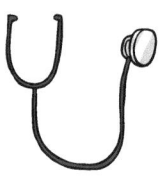

stetoskop
le stéthoscope

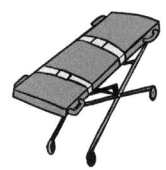

brankar
le brancard

termomet
le thermomètre

nesans
l'accouchement

sirpwa
la surcharge pondérale

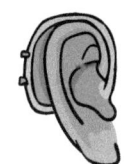

laparey oditif

l'appareil auditif

dezinfektan

le désinfectant

infeksion

l'infection

viris

le virus

HIV / SIDA

le VIH / le sida

medsinn

le médicament

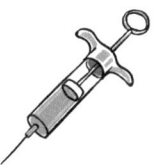

vaksinasion

la vaccination

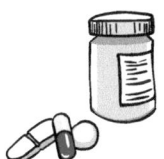

konprime

les comprimés

pilil kontraseptif

la pilule

korl irzans

l'appel d'urgence

laparey tansion

le tensiomètre

malad / bien

malade / sain

o-sekour

Au secours !

alarm

l'alarme

atak

l'assaut

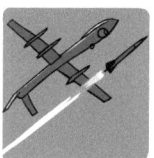

atak

l'attaque

danze

le danger

sorti de sekour

la sortie de secours

Dife!

Au feu!

laponp dife

l'extincteur

aksidan

l'accident

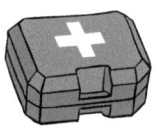

kit first aid

la trousse de premier
secours

SOS

SOS

lapolis

la police

lerop

l'Europe

Lamerik di nor

l'Amérique du Nord

Lamerik di sid

l'Amérique du Sud

lafrik

l'Afrique

lazi

l'Asie

lostrali

l'Australie

latlantik

l'Océan atlantique

pasifik

l'Océan pacifique

losean indien

l'Océan indien

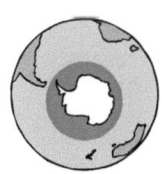

losean antartik

l'Océan antarctique

losean artik

l'Océan arctique

Pol Nor

le Pôle nord

Pol Sid

le Pôle sud

lantartik

l'Antarctique

later

la terre

later

le pays

lamer

la mer

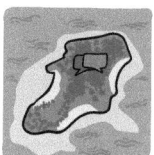

zil

l'île

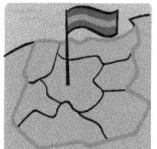

nasion

la nation

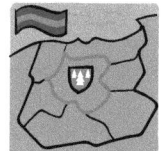

leta

l'état

kadran

le cadran

zegwi ler

l'aiguille des heures

zegwi minit

l'aiguille des minutes

zegwi segonn

l'aiguille des secondes

ki ler la ?

Quelle heure est-il ?

zour

le jour

letan

le temps

aster-la

maintenant

mont dizital

la montre digitale

minit

la minute

ler

l'heure

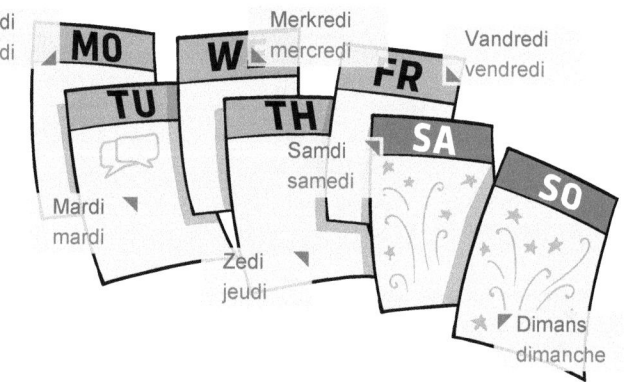

Lindi / lundi — MO
Mardi / mardi — TU
Merkredi / mercredi — W
Zedi / jeudi — TH
Vandredi / vendredi — FR
Samdi / samedi — SA
Dimans / dimanche — SO

yer

hier

zordi

aujourd'hui

demin

demain

gramatin

le matin

midi

le midi

aswar

le soir

zour travay

les jours ouvrables

wikenn

le week-end

# lane
# l'année

lapli
la pluie
larkansiel
l'arc-en-ciel
lanez
la neige
divan[
le vent
printan
le printemps
otonn
l'automne
lete
l'été
liver
l'hiver

4.APRIL 11°
5.APRIL 4°
6.APRIL 13°
7.APRIL 0°
8.APRIL 10°

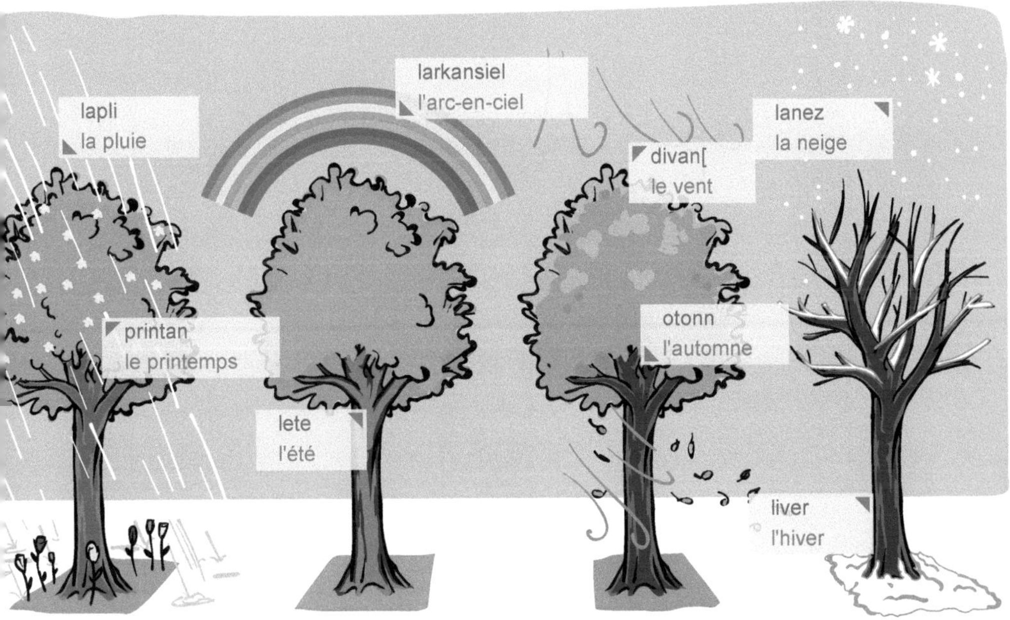

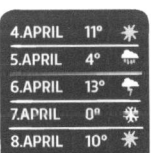

meteo

la météo

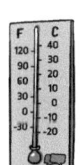

termomet

le thermomètre

lalimier soley

la lumière du soleil

niaz

le nuage

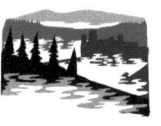

brouyar

le brouillard

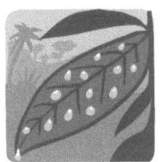

limidite

l'humidité

lafoud

la foudre

toner

la tonnerre

tanpet

la tempête

lagrel

la grêle

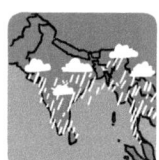

mouson

la mousson

inondasion

l'inondation

laglas

la glace

Zanvie

janvier

Fevriye

février

Mars

mars

Avril

avril

Me

mai

Zien

juin

Zilie

juillet

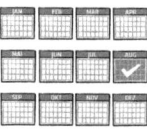

Out

août

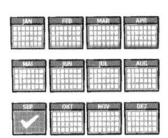

Septam
................

septembre

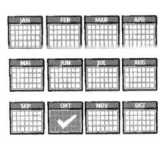

Oktob
................

octobre

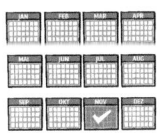

Novam
................

novembre

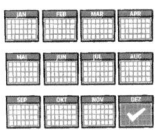

Desam
................

décembre

## form

## les formes

ron
................

le cercle

kare
................

le carré

rektang
................

le rectangle

triang
................

le triangle

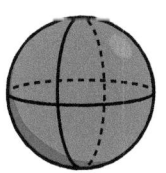

sfer
................

la sphère

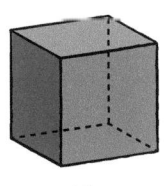

kib
................

le cube

blan

blanc

zonn

jaune

oranz

orange

roz

rose

rouz

rouge

mov

violet

ble

bleu

ver

vert

maron

marron

gri

gris

nwar

noir

boukou / enn tigit

beaucoup / peu

ankoler / kalm

fâché / calme

zoli / vilin

joli / laid

koumansman / lafin

le début / la fin

gro / tipti

grand / petit

kler / obskirite

clair / obscure

frer / ser

frère / soeur

prop / sal

propre / sale

konple / inkonple

complet / incomplet

lizour / lanwit

le jour / la nuit

vivan / mor

mort / vivant

larz / sere

large / étroit

komestib / inkomestib

comestible / incomestible

move / bon

méchant / gentil

exsite / agase

excité / ennuyé

gra / mins

gros / mince

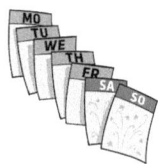

premie / dernie

le premier / le dernier

kamwad / lennmi

l'ami / l'ennemi

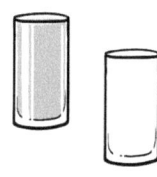

ranpli / vid

plein / vide

dir / mou

dur / souple

lour / leze

lourd / léger

fin / swaf

faim / soif

malad / bien

malade / sain

ilegal / legal

illégal / légal

intelizan / kouyon

intelligent / stupide

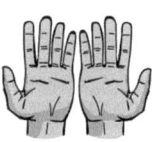

gos / drwat

gauche / droite

pre / lwin

proche / loin

nouvo / ize
........................
nouveau / usé

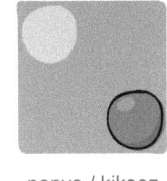

nanye / kiksoz
........................
rien / quelque chose

vie / zenn
........................
vieux / jeune

demare / arete
........................
marche / arrêt

ouver / ferme
........................
ouvert / fermé

trankil / for
........................
faible / fort

ris / pov
........................
riche / pauvre

bon / move
........................
correct / incorrect

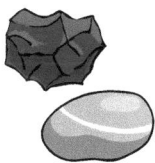

brit / lis
........................
rugueux / lisse

tris / zwaye
........................
triste / heureux

kourt / long
........................
court / long

lan / rapid
........................
lent / rapide

tranpe / sek
........................
mouillé / sec

so / fre
........................
chaud / froid

lager / lape
........................
la guerre / la paix

**0**

zero

zéro

**1**

enn

un / une

**2**

de

deux

**3**

trwa

trois

**4**

kat

quatre

**5**

sink

cinq

**6**

sis

six

**7**

set

sept

**8**

wit

huit

**9**

nef

neuf

**10**

distribiter biye

dix

**11**

onz

onze

**12**

douz

douze

**13**

trez

treize

**14**

katorz

quatorze

**15**

kinz

quinze

**16**

sez

seize

**17**

diset

dix-sept

**18**

dizwit

dix-huit

**19**

diznef

dix-neuf

**20**

vin

vingt

**100**

san

cent

**1.000**

mil

mille

**1.000.000**

milyon

le million

Angle

l'anglais

Angle Lamerik

l'anglais américain

Mandarin Sinwa

le chinois mandarin

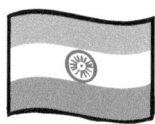

Hindi

le hindi

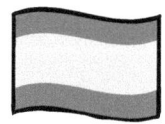

espagnol

l'espagnol

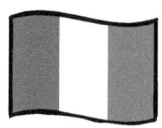

Franse

le français

Arab

l'arabe

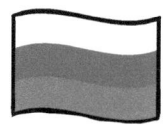

Ris

le russe

Portige

le portugais

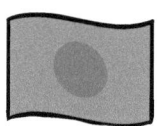

Bengali

le bengali

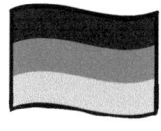

Alman

l'allemand

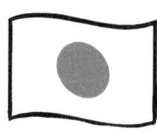

Zapone

le japonais

mo

je

to

tu

li

il / elle / ce, c', cela

nou

nous

ou

vous

zot

ils / elles

kisana?

Qui ?

kiete?

Quoi ?

kouma?

Comment ?

kotsa?

Où ?

kan?

Quand ?

nom

le nom

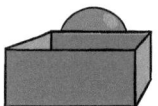

deryer

derrière

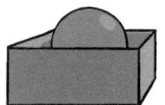

dan

dans

devan

devant

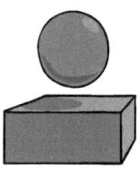

lor

au-dessus

lor

sur

anba

en-dessous

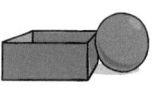

akote

à côté de

ant

entre

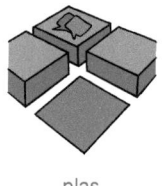

plas

le lieu